FÜR:

....

VON:

....

In einer **IDEALEN WELT** hätte jeder Hund
ein Heim und jedes Heim einen Hund.

AUS GRIECHENLAND

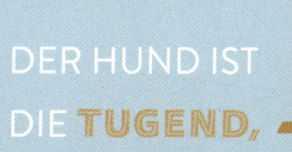

DER HUND IST
DIE **TUGEND**,
DIE SICH NICHT
ZUM MENSCHEN
MACHEN KONNTE.

VICTOR HUGO

WUSSTEST DU, DASS...

...Dalmatinerwelpen
weiß zur Welt kommen? Ihre
charakteristischen Flecken kommen
erst ca. 2 Wochen nach der Geburt
zum Vorschein.

Mensch und Hund *ergänzen* sich hundert- und tausendfach;
Mensch und Hund sind die *treuesten* aller Genossen.

ALFRED BREHM

Gib dem Menschen
einen Hund
und seine *Seele*
wird gesund.

HILDEGARD VON BINGEN

GEDANKEN WOLLEN OFT
- WIE KINDER UND HUNDE -,
DASS MAN MIT IHNEN IM FREIEN
SPAZIEREN GEHT.

CHRISTIAN MORGENSTERN

LEBERWURST-LECKERLIS

100 G LEBERWURST | 2 EIER | 200 G MEHL | 1 TL ÖL |
AUSSTECHFÖRMCHEN

Ofen auf 180° C vorheizen, ein Blech mit Backpapier auslegen. Alle Zutaten in eine Schüssel geben und miteinander vermischen, bis ein glatter Teig entsteht. Danach den Teig auf der bemehlten Arbeitsplatte ca. 5 mm dick ausrollen und mit Plätzchenformen ausstechen. Plätzchen auf das Blech legen und für ca. 20 Minuten im Ofen backen. Blech herausholen und alles abkühlen lassen. Leckerlis im Kühlschrank aufbewahren und innerhalb weniger Tage verzehren lassen.

Liebe stellt mir keine Fragen und gibt mir endlosen Rückhalt.

WILLIAM SHAKESPEARE

Wir können das *Herz* eines Menschen danach beurteilen, wie er Tiere behandelt.

IMMANUEL KANT

DURCH DEN **VERSTAND**

DES HUNDES

BESTEHT DIE WELT.

AVESTA

KENNST DU SCHON…

…Argos? Er ist der treue Hund von Odysseus, dem gro-
ßen Helden der griechischen Mythologie. Nachdem
Odysseus nach über 20 Jahren als Bettler verkleidet in
seine Heimat Ithaka zurückgekehrt war, erkannte sein
Hund Argos ihn sofort wieder und wedelte aufgeregt mit
dem Schwanz. Odysseus konnte seinen mittlerweile ab-
gemagerten und alten Hund aber nicht streicheln,
sondern ihm nur einen sanftmütigen Blick zu-
werfen, bei dem er sogar eine Träne vergoss.
Daraufhin starb Argos im Glauben, endlich
seine Bestimmung erfüllt zu haben: seinen
Herren ein letztes Mal zu sehen.

Der Hund ist der Gott
der **AUSGELASSENHEIT.**

HENRY WARD BEECHER

Freundschaft,
das ist eine Seele
in zwei Körpern.

ARISTOTELES

Seien Sie lieb zu den Hunden!
Auch zu den scheinbar bösesten.
Kein Mensch kann
in Ihren schlimmen Stunden
Sie so, wie ein Hund es kann, trösten.

JOACHIM RINGELNATZ

WUSSTEST DU, DASS...

...Golden Retriever aufgrund
ihres aufmerksamen und freundlichen
Wesens besonders gern
als Therapiehunde eingesetzt werden?

Alles WISSEN,
die Gesamtheit aller Fragen
und Antworten
sind im Hund enthalten.

FRANZ KAFKA

Man muss
sein Glück teilen,
um es
zu multiplizieren.

MARIE VON EBNER-ESCHENBACH

FREUNDSCHAFT

VERDOPPELT UNSERE FREUDE

UND HALBIERT

UNSEREN SCHMERZ.

MARCUS TULLIUS CICERO

DIY HUNDE-SHAMPOO

1 BLOCK SEIFE (FREI VON SULFATEN, TIERISCHEN FETTEN, PARFÜM ODER ANDEREN ZUSATZSTOFFEN) | ¼ TASSE KOKOSÖL | 250 ML APFELESSIG | 750 ML WASSER

Einen Block Seife fein raspeln und davon ¼ Tasse in warmen Wasser auflösen. Danach Kokosöl und Apfelessig hinzugeben und gut vermischen. Anschließend das Shampoo in eine Flasche füllen und am besten beim nächsten Hundebad verwenden.

Wenn ein **HUND** nicht zu Ihnen kommt,
nachdem er Ihnen ins Gesicht geschaut hat,
sollten Sie nach Hause gehen und Ihr Gewissen untersuchen.

WOODROW WILSON

Bis man ein Tier geliebt hat,
bleibt ein Teil seiner *Seele* nicht erwacht.

ANATOLE FRANCE

Reich
sind nur die,
die wahre
Freunde haben.

THOMAS FULLER

KENNST DU SCHON...

...Hachikō? Der japanische Akita-Hund gilt in Japan heute noch als der Inbegriff von Treue. Auch nachdem sein Besitzer Hidesaburō Ueno, ein Universitätsprofessor, gestorben war, ging Hachikō jeden Abend zum Bahnhof, um auf ihn zu warten wie immer – und das über 10 Jahre lang.

Der Hund lebt für den Tag,
die Stunde, ja sogar den MOMENT.

ROBERT FALCON SCOTT

Es ist schön,
mit jemand *schweigen* zu können.

KURT TUCHOLSKY

Wenn du jemanden liebst,
lass ihn gehen.
Kommt er nicht zurück,
nimm dir einen HUND.
Der kommt immer zu dir zurück.

AUS GRIECHENLAND

WUSSTEST DU, DASS...

...in der chinesischen Astrologie der Hund das elfte Tierkreiszeichen ist? Eigenschaften, die ihm zugeschrieben werden, sind Treue, Verlässlichkeit, Loyalität und Pflichtbewusstsein. 2018 war das letzte Jahr des Hundes, das nächste folgt im Jahr 2030.

Kein *Glück* des Lebens
ist dem vergleichbar
einen edlen und
zuverlässigen Freund zu besitzen.

JOSEPH ADDISON

KINDER, TIERE, PFLANZEN,
DA LIEGT DIE WELT NOCH IM GANZEN.

CHRISTIAN MORGENSTERN

Geliebt und verstanden werden ist das größte Glück.

HONORÉ DE BALZAC

KENNST DU SCHON...

...Bobi, den ältesten Hund der Welt? Er ist ein Rafeiro do Alentejo, eine portugiesische Hunderasse, und wurde vom Guinness-Buch der Rekorde mit seinen 31 Jahren zum ältesten Hund der Welt gekürt.

Mein kleiner Hund –
ein Herzschlag zu meinen Füßen.

EDITH WHARTON

Aufgabe des Lebens,
seine Bestimmung, ist FREUDE.
Freue dich über den Himmel,
über die Sonne, über die Sterne,
über Gras und Bäume,
über die Tiere und
die Menschen.

LEO N. TOLSTOI

EIN HUND HAT DIE *Seele* EINES PHILOSOPHEN.

PLATON

SCHAU DIR DEN BLICK DEINES HUNDES AN:

Kannst du immer noch behaupten,
er hätte keine *Seele?*

VICTOR HUGO

Das Leben ist nichts ohne Freundschaft.

MARCUS TULLIUS CICERO

EIN HUND VERSTEHT UNSEREN WILLEN,

WEIL WIR **AUFRICHTIG** SIND MIT IHM.

BETTINA VON ARNIM

WUSSTEST DU, DASS...

...der Border Collie
als die klügste
Hunderasse
der Welt gilt?

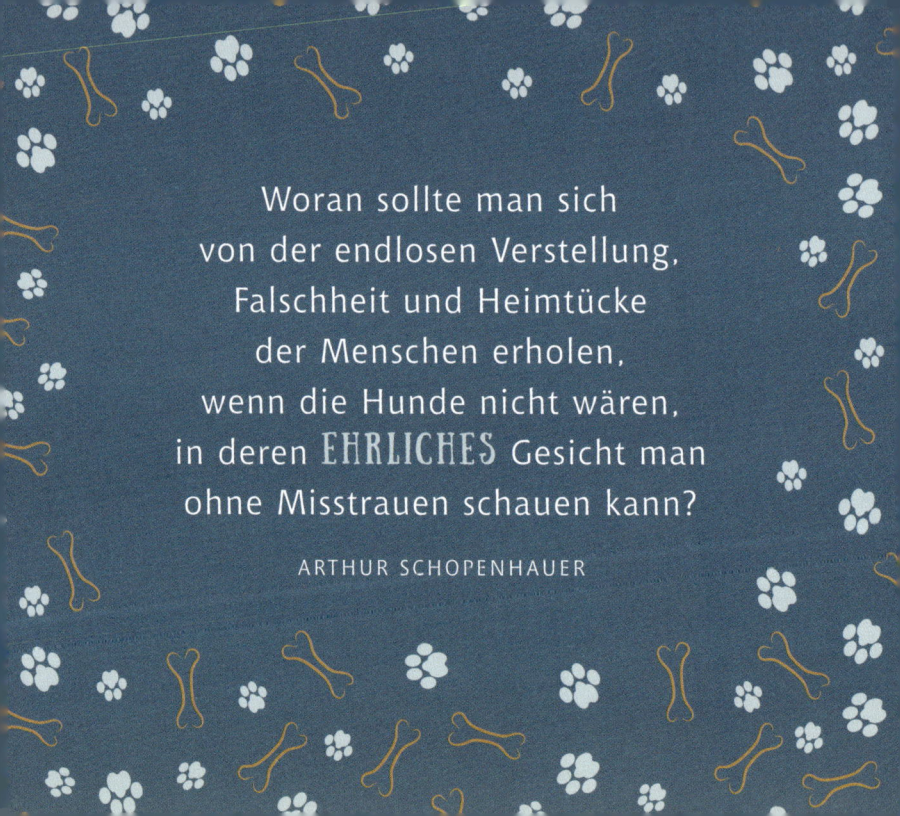

Woran sollte man sich
von der endlosen Verstellung,
Falschheit und Heimtücke
der Menschen erholen,
wenn die Hunde nicht wären,
in deren EHRLICHES Gesicht man
ohne Misstrauen schauen kann?

ARTHUR SCHOPENHAUER

TIERE SIND DIE BESTEN FREUNDE.
SIE STELLEN KEINE FRAGEN UND KRITISIEREN NICHT.

MARK TWAIN

DU DENKST,
HUNDE KOMMEN NICHT IN DEN HIMMEL.
Ich sage dir, sie sind lange vor uns dort.

ROBERT LOUIS STEVENSON

TAU-SPIELZEUG

ZEITAUFWAND: CA. 30 MINUTEN

ALTES T-SHIRT | SCHERE

Bei einem alten T-Shirt die Nähte auftrennen und die Ärmel abschneiden. Danach das Shirt in fünf gleich große Streifen schneiden. Einen Streifen verwenden, um drei weitere Streifen zusammenzubinden. Danach die drei Streifen zusammenflechten und am Ende mit dem übrig gebliebenen Streifen zusammenbinden. Alternativ lässt sich das Tauspielzeug auch gut mit einem alten Handtuch basteln.

Es gibt nichts Schöneres,
als geliebt zu werden,
geliebt um seiner selbst willen
oder vielmehr: trotz seiner selbst.

VICTOR HUGO

Der eigene Hund macht keinen Lärm –
ER BELLT NUR.

KURT TUCHOLSKY

Nicht da ist man daheim,
wo man seinen Wohnsitz hat,
sondern wo man **VERSTANDEN** wird.

CHRISTIAN MORGENSTERN

KEIN EINZIGES TIER DER GANZEN ERDE
ist der vollsten und ungeteiltesten Achtung,
der Freundschaft und Liebe des Menschen
würdiger als der Hund.

ALFRED BREHM

WUSSTEST DU, DASS...

...der Name Mops
vom niederländischen Verb
„mopperen" stammt, was so viel wie
„brummen" bedeutet und auf die
laute Atmung von Möpsen anspielt?

EIN HUND IST EIN HERZ
AUF VIER PFOTEN.

AUS IRLAND

Ich hoffe zuversichtlich,
IM HIMMEL MEINEN HUNDEN
WIEDER ZU BEGEGNEN.

OTTO VON BISMARCK

Je mehr
ich von den
Menschen sehe,
umso lieber
habe ich
meinen **Hund.**

FRIEDRICH DER GROSSE

KENNST DU SCHON...

...Laika? Die Mischlingshündin gilt als das erste Lebewesen, das die Menschheit ins All geschickt hat. Dies geschah im Rahmen der sowjetischen Sputnik-2-Mission am 3. November 1957.

Freundschaft
ist die Verbindung
der Seelen.

VOLTAIRE

Vertrauen ist Mut,
UND TREUE IST KRAFT.

MARIE VON EBNER-ESCHENBACH

SEELENVERWANDTE

Wir sind zu zweit im Raum,
mein Hund und ich.
Ich begreife, dass in diesem Moment
in ihm und in mir
genau das gleiche *Gefühl* herrscht,
dass es zwischen uns
keinen Unterschied gibt.

IVAN TURGENEW

WUSSTEST DU, DASS...

...die Redewendung „des Pudels Kern" aus Goethes Faust stammt? In der Tragödie bemerkt der Titelheld einen schwarzen Pudel mit sonderbarem Verhalten, der sich später als der Teufel Mephisto entpuppt. Daraufhin ruft Faust aus: „Das also war des Pudels Kern." Die Redewendung wird demnach benutzt, wenn etwas ans Licht kommt, das bis dahin verschleiert war.

Die Schmuckstücke eines Hauses
sind die Freunde die darin verkehren.

RALPH WALDO EMERSON

DER HUND IST
DER SECHSTE SINN
DES MENSCHEN.

FRIEDRICH HEBBEL

EIN WAHRER FREUND
trägt mehr zu unserem Glück bei
als tausend Feinde
zu unserem Unglück.

MARIE VON EBNER-ESCHENBACH

PÄCKCHEN AUSPACKEN

ZEITAUFWAND: CA. 5 MINUTEN
KLOPAPIERROLLE | ZEITUNGSPAPIER | SCHERE | LECKERLIS

Eine leere Klopapierrolle nehmen und die Enden mit zerknülltem Zeitungspapier verschließen. Danach mit einer Schere ein Loch, das ungefähr so groß wie ein Leckerli ist, in die Mitte der Rolle bohren. Anschließend Leckerlis in die Rolle füllen. Den Hund die Leckerlis spielend erschnüffeln, herausrollen und fressen lassen.

Einer der Unterschiede zwischen Hund und Mensch besteht darin,
dass man sich in der Not auf diesen niemals,
auf jenen aber immer verlassen kann.

GEORGE-LOUIS LECLERC DE BUFFON

MITFREUDE,

NICHT MITLEIDEN,

MACHT DEN FREUND.

FRIEDRICH NIETZSCHE

WUSSTEST DU, DASS...

...der Schäferhund weltweit der meist genutzte Diensthund ist? Er kommt vor allem bei der Polizei und dem Militär zum Einsatz.

DIE SACHE DER TIERE

steht höher für mich
als die Sorge, mich lächerlich zu machen.
Sie ist unlösbar verknüpft
mit der *Sache der Menschen,*
und zwar in einem Maße,
dass jede Verbesserung
in unserer Beziehung zur Tierwelt
unfehlbar einen Fortschritt
auf dem Wege zum *menschlichen Glück*
bedeuten muss.

ÉMILE ZOLA

In den Augen meines Hundes liegt mein ganzes *Glück*, all mein Inneres, Krankes, Wundes heilt in seinem Blick.

FRIEDERIKE KEMPNER

Um den vollen Wert des **GLÜCKS** zu erfahren, brauchen wir jemanden, um es mit ihm zu teilen.

MARK TWAIN

WUSSTEST DU, DASS...

...Dackel in der Jägersprache
oft auch „Teckel" oder „Dachshund"
genannt werden, weil sie früher vor
allem Dachse gejagt haben?

Ganze Weltalter voll Liebe
werden notwendig sein,
um den Tieren
ihre Dienste und Verdienste
an uns zu vergelten.

CHRISTIAN MORGENSTERN

Wer nie einen Hund gehabt hat,
weiß nicht, was *lieben* und *geliebt werden* heißt.

ARTHUR SCHOPENHAUER

JE MEHR
ICH VON MENSCHEN SEHE,
UM SO MEHR
LIEBE ICH HUNDE!

GERMAINE DE STAËL

KENNST DU SCHON...

...den Hund der Baskervilles? Dabei handelt es sich um einen der bekanntesten Sherlock-Holmes-Romane von Arthur Conan Doyle. Eine gruselige Legende und ein mysteriöser Todesfall führen Meisterdetektiv Sherlock Holmes und seinen Freund Dr. John Watson in die unheimlichen Weiten des Moors. Hier soll ein riesiger Hund sein Unwesen treiben und seit Generationen Jagd auf die Familie Baskerville machen. Es beginnt ein Wettlauf gegen die Zeit, den das Ermittlerteam unbedingt gewinnen muss.

WUSSTEST DU, DASS...

...Hunde nicht farbenblind sind? Ihr Sehvermögen ähnelt dem von Menschen, die unter einer Rot-Grün-Sehschwäche leiden, das heißt, dass sie die Farben Rot und Grün schlechter wahrnehmen können.

IN DEINER TREU'

LIEGT DEINES GLUCKES PFAND.

RICHARD WAGNER

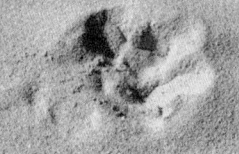

JEDER HUND

MUSS SEINEN TAG HABEN.

JONATHAN SWIFT

KENNST DU SCHON...

...Tiangou? Im chinesischen Volksglauben ist er ein Himmelshund, ein Fabelwesen, von dem man früher glaubte, dass er Sonne und Mond jeweils während einer Sonnen- oder Mondfinsternis verspeiste.

DAS TIER HAT EIN FÜHLENDES
HERZ WIE DU,

das Tier hat Freude und Schmerz wie du,

DAS TIER HAT EINEN HANG ZUM

STREBEN WIE DU,

das Tier hat ein Recht zu leben wie du.

PETER ROSEGGER

Das Glück ist ein Mosaikbild,
das aus lauter unscheinbaren kleinen *Freuden*
zusammengesetzt ist.

DANIEL SPITZER

Es lässt sich kaum bezweifeln,
dass die LIEBE zum Menschen beim Hund
zu einem Instinkt geworden ist.

CHARLES DARWIN

WUSSTEST DU, DASS...

...Untersuchungen ergaben,
dass Chihuahuas im Vergleich
zu allen anderen Hunden
das größte Gehirn besitzen,
was das Verhältnis von Gehirn und
Kopf zueinander angeht?

SOCKEN-OKTOPUS

ZEITAUFWAND: CA. 30 MINUTEN
ALTE SOCKEN | STOFFRESTE | REISSFESTER FADEN | SCHERE

Eine Socke nehmen und ihre Spitze so lange mit weiteren Socken oder Stoffresten befüllen, bis oben ein Kopf entsteht. Danach zwei Socken über die aller erste ziehen. Mit einem reißfesten Faden den Kopf zuschnüren. Dann den Rest der Socke bis unterhalb der Schnürung in gleichmäßige Streifen schneiden, sodass Fangarme entstehen. Anschließend jeweils drei Fangarme zu kleinen Zöpfen flechten und das Spielzeug ist fertig.

KLEINE FREUNDE
können sich als große erweisen.

AESOP

WAS IST DENN EIN FREUND?
EIN WAHLVERWANDTER.

CLAUDE-ADRIEN HELVÉTIUS

DER HUND,
DER KEINEN WITZ HAT,
NUR INSTINKT,
UND HEITER IN JEDEM GESCHICK
DAS RECHTE TUT.
— Ach hätte der Mensch
nur so viel Witz,
den eigenen Instinkt
nicht zu verleugnen.

BETTINA VON ARNIM

WUSSTEST DU, DASS...

...der Nasenabdruck eines Hundes genauso einzigartig ist wie der Fingerabdruck eines Menschen?

Hunde sind gerechter,
als die Menschen meinen.

AUS CHINA

MAN SOLLTE ANTEIL NEHMEN AN DER FREUDE,

der Schönheit, der Farbigkeit des Lebens.

OSCAR WILDE

KENNST DU SCHON...

...Pearl, den kleinsten Hund der Welt? Sie ist ein weiblicher Chihuahua aus Florida und wurde vom Guinness-Buch der Rekorde mit nur 9,14 cm Schulterhöhe zum kleinsten lebenden Hund der Welt gekürt.

WUSSTEST DU, DASS...

...der Jack Russel Terrier
klein, aber oho ist?
Er ist ein richtiges Energiebündel:
aktiv, ausdauernd und furchtlos.

Es gibt einige Freundschaften,
DIE IM HIMMEL BESCHLOSSEN SIND
UND AUF ERDEN VOLLZOGEN WERDEN.

MATTHIAS CLAUDIUS

MAN VERBINDET SICH OFT
MIT EINEM MENSCHEN,
WENN MAN NACH
DEM NAMEN
SEINES HUNDES FRAGT.

JEAN PAUL

LECKERLI-JAGD IM FREIEN

ZEITAUFWAND: CA. 10 MINUTEN
STARK RIECHENDE LECKERLIS | GARTEN ODER WIESE

Lege mit den Leckerlis im Garten oder auf einer Wiese eine Spur. Anfangs einfache gerade Linien ziehen, später mehr Abbiegungen und Überraschungen einbauen. Den Hund dann anschließend auf Entdeckungsreise gehen und die Leckerlis erschnüffeln lassen. Neben dem Riechvermögen kann so auch die Konzentrationsfähigkeit des Hundes gestärkt werden.

FREUNDSCHAFT

IST DIE QUELLE

DER GRÖSSTEN FREUDEN,

UND OHNE FREUNDE

WERDEN SELBST DIE ANGENEHMSTEN

BESCHÄFTIGUNGEN LANGWEILIG.

THOMAS VON AQUIN

Jeder Mensch und jedes Tier hat eine Atmosphäre.

JAMES TYLER KENT

KAUF EINEN JUNGEN HUND,

UND DU WIRST FÜR DEIN GELD

WILD ENTSCHLOSSENE LIEBE

BEKOMMEN.

RUDYARD KIPLING

WUSSTEST DU, DASS...

...Labradore sehr verfressen
sein können?
Sie essen fast alles, was ihre Nase
erschnuppert und halbwegs
essbar erscheint.

Das schönste
Freundschaftsverhältnis:
Wenn jeder von beiden
es sich zur Ehre rechnet,
der Freund des anderen zu sein.

MARIE VON EBNER-ESCHENBACH

Alle Lebewesen
außer dem Menschen wissen,
dass der *Hauptzweck des Lebens*
darin besteht,
es zu *genießen.*

SAMUEL BUTLER

UNMENSCHEN GIBT ES,

ABER KEINE UNTIERE.

KARL JULIUS WEBER

KENNST DU SCHON...

...Barry? Der Bernhardiner war ein berühmter Lawinenhund, der über 40 Menschen das Leben gerettet haben soll. Barry wurde 1800 geboren und war über zehn Jahre im Dienst, bis er 1814 an Altersschwäche verstarb. Bis heute ist Barry als Präparat im Naturhistorischen Museum Bern zu sehen.

Behandele einen *Stein*
wie eine *Pflanze,*
eine Pflanze wie ein Tier
und ein *Tier*
wie einen *Menschen.*

WEISHEIT DER INDIGENEN
MENSCHEN NORDAMERIKAS

Gott wünscht,

dass wir Tieren beistehen, wenn sie Hilfe bedürfen.
Ein jedes Wesen in Bedrängnis hat gleiches Recht auf Schutz.

FRANZ VON ASISSI

Die Hunde

sind die Nachtigallen

der Dörfer.

JEAN PAUL

Und könnten die Tiere reden,

WAS WÜRDEN SIE SAGEN?

JAKOB BOSSHART

WUSSTEST DU, DASS...

...ein Hund unter
den richtigen Voraussetzungen
bis zu 10 km weit
riechen kann?

KEIN WEG IST LANG
MIT EINEM *FREUND*
AN DEINER SEITE.

AUS JAPAN

Egal wie wenig Geld und wie wenig Besitz du hast,
einen Hund zu haben macht dich reich.

LOUIS SABIN

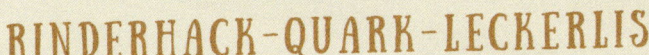

RINDERHACK-QUARK-LECKERLIS

100 – 200 G RINDERHACK | 150 G QUARK | 200 G MEHL | 6 EL MILCH | 6 EL ÖL | 1 EIGELB | AUSSTECHFORM

Ofen auf 200° C vorheizen, ein Blech mit Backpapier auslegen. Alle Zutaten in eine Schüssel geben und miteinander vermischen. Den Teig ausrollen und mit einer Ausstechform ausstechen. Plätzchen auf das Blech legen und ca. 30 Minuten im Ofen backen. Blech herausholen und alles abkühlen lassen. Leckerlis im Kühlschrank aufbewahren und innerhalb weniger Tage verfüttern.

FREUNDSCHAFT

LÄSST DAS GLÜCK HELLER STRAHLEN, TEILT DAS LEID UND LÄSST ES LEICHTER TRAGEN.

AILRED VON RIEVAULX

Freundschaft,
das ist wie Heimat.

KURT TUCHOLSKY

Wenn du einen verhungernden Hund aufliest
und machst ihn satt, dann wird er dich nicht beißen.
DAS IST DER GRUNDUNTERSCHIED
ZWISCHEN HUND UND MENSCH.

MARK TWAIN

Zuhause ist jeder Hund ein Löwe.

GIOVANNI TORRIANO

WUSSTEST DU, DASS...

...der Scotch Terrier, auch Scottish Terrier oder Scottie genannt, eine von vielen Hunderassen ist, deren Ursprung in Schottland liegt? Eine weitere bekannte Hunderasse, welche ursprünglich ebenfalls aus Schottland kommt, ist der Border Collie.

HUNDE HABEN ALLE GUTEN
EIGENSCHAFTEN DES MENSCHEN,
ohne gleichzeitig ihre Fehler zu besitzen.

FRIEDRICH DER GROSSE

Im Leben der *treueste Freund,*
der Erste mich zu begrüßen,
der Vorderste mich zu verteidigen.

LORD BYRON

KENNST DU SCHON...

... Balto? Der Siberian Husky war der Leithund des letzten Schlittenhundegespanns, das 1925 ein überlebenswichtiges Heilmittel zur Bevölkerung von Nome (Alaska) brachte, mit dem eine Diphterie-Epidemie eingedämmt werden konnte. Bei Temperaturen von -31 °C und schlechten Wetterbedingungen kämpften sich Balto und seine Gefährten durch Eis und Schnee und verhinderten damit viele weitere Tode.

Glück

WIRD NOCH STRAHLENDER

DURCH FREUNDSCHAFT.

MARCUS TULLIUS CICERO

Liebe gibt nichts als sich selbst
und nimmt nichts als von sich selbst.
Liebe besitzt nicht,
noch will sie Besitz sein.
Denn die Liebe ist der Liebe genug.

KHALIL GIBRAN

Ein Spaziergang am Morgen ist ein Segen für den ganzen Tag.

HENRY DAVID THOREAU

WUSSTEST DU, DASS...

...der Bernhardiner
zu den schwersten Hunderassen
der Welt zählt? Im Durchschnitt
kann ein Bernhardiner bis zu
80 kg schwer werden.

DU SAGST,

du wärst so müde wie ein Hund,
so reizbar, krank und hungrig wie ein Hund,
so matt und melancholisch wie ein Hund.
So träge, schläfrig, müßig wie ein Hund.
Doch warum vergleichst
du dich mit einem Hund?
Worin der Mensch gering schätzt einen Hund,
Stell ich dich besser gleich mit einem Hund.
Du bist so treu und ehrlich wie ein Hund,
bist unbefangen, lieb, so wie ein Hund,
du bist so klug und tapfer wie ein Hund.

SIR JOHN DAVIES

Der Hund
ist ein EHRENMANN;
ich hoffe,
ich gehe in seinen Himmel,
nicht in den des Menschen.

MARK TWAIN

TIERE UND KLEINE KINDER
SIND DER SPIEGEL DER NATUR.

EPIKUR VON SAMOS

DIE TIERE

EMPFINDEN WIE DER MENSCH

FREUDE UND SCHMERZ,

GLÜCK UND UNGLÜCK.

CHARLES DARWIN

VON ALLEN GESCHENKEN,
DIE UNS DAS SCHICKSAL GEWÄHRT,
GIBT ES KEIN GRÖSSERES GUT
ALS DIE **FREUNDSCHAFT** -
KEINEN GRÖSSEREN REICHTUM,
KEINE GRÖSSERE FREUDE.

EPIKUR VON SAMOS

Die Größe und den *moralischen* Fortschritt einer Nation kann man daran messen, wie sie ihre Tiere behandelt.

MAHATMA GANDHI

Das größte Vergnügen eines Hundes ist,
dass man sich mit ihm zum Narren halten kann
und er dich nicht nur nicht schimpfen wird,
sondern auch sich selbst zum NARREN halten wird.

SAMUEL BUTLER

THUNFISCH-KAROTTEN-LECKERLIS

100 G MEHL | 1 DOSE THUNFISCH IM EIGENEM SAFT | 2 KAROTTEN | 1 EI | BACKPAPIER

Ofen auf 180° C vorheizen, ein Blech mit Backpapier auslegen. Die Karotten raspeln und in eine Schüssel geben. Danach die restlichen Zutaten beimischen und den Teig durchkneten, bis eine klebrige Masse entsteht. Den Teig in walnussgroße Kugeln rollen, diese ein wenig flach drücken und auf das Blech legen. Dann für ca. 20 Minuten im Ofen backen. Anschließend einmal wenden und erneut ca. 10 Minuten backen. Blech herausholen und alles abkühlen lassen. Leckerlis im Kühlschrank aufbewahren und innerhalb weniger Tage verfüttern.

WUSSTEST DU, DASS...

...die Redewendung „Da wird ja der Hund in der Pfanne verrückt!" ihren Ursprung vermutlich in einer Till-Eulenspiegel-Geschichte hat? Eulenspiegel arbeitet hier bei einem Bierbrauer, der ihn bittet, Hopfen zu sieden. Unglücklicherweise besitzt der Bierbrauer einen Hund namens „Hopf", den Eulenspiegel prompt in die Braupfanne wirft statt des Hopfens. Daraufhin sind der Bierbrauer und der Hund außer sich und Eulenspiegel wird davongejagt.

LASS DEN HUND BELLEN,
SINGEN KANN ER NICHT.

FRIEDRICH VON SCHILLER

DER HUND
IST DAS EINZIGE WESEN,
DAS DICH MEHR LIEBT,
ALS SICH SELBST.

JOSH BILLINGS

KENNST DU SCHON

Zeus, den größten Hund der Welt? Er war eine männliche Deutsche Dogge aus Michigan und wurde vom Guinness-Buch der Rekorde mit 1,04 m Schulterhöhe zum größten Hund der Welt gekürt.

TENNISBALL-PUZZLE

ZEITAUFWAND: CA. 3 MINUTEN
MUFFINBLECH | 12 TENNISBÄLLE | LECKERLIS

In jede Form ein Leckerli geben. Danach die Leckerlis mit
12 Tennisbällen zudecken und das Muffinblech
auf den Boden stellen. Anschließend die Fell-
nase auf Leckerli-Suche gehen lassen.

Die Tiere teilen
mit uns das Privileg,
eine Seele zu haben.

PYTHAGORAS VON SAMOS

Ich habe große Achtung
vor der *Menschenkenntnis* meines Hundes;
er ist schneller und gründlicher als ich.

OTTO VON BISMARCK

WUSSTEST DU, DASS...

...es weltweit vermutlich
ca. 900 Millionen Hunde gibt?
Das sind etwa dreimal so viele Tiere
wie die USA Einwohnerinnen und
Einwohner hat.

Ein Hund spiegelt das Familienleben wider.

Wer hat einen verspielten Hund in einer düsteren Familie

oder einen traurigen Hund in einer glücklichen gesehen?

Knurrende Menschen haben knurrende Hunde,

gefährliche Menschen haben gefährliche.

ARTHUR CONAN DOYLE

LEBE,
SEI GLÜCKLICH
und mach andere glücklich.

MARY SHELLEY

Dass mir der HUND das Liebste sei,
sagst du, o Mensch, sei Sünde?
Der Hund blieb mir im Sturme treu,
der Mensch nicht mal im Winde.

FRANZ VON ASSISI

KENNST DU SCHON...

...Boo, den süßesten Hund der Welt? Boo war ein Zwergspitz aus San Francisco, dem bis heute noch online über 15 Millionen Fans folgen. Mit seiner Teddybär-Frisur und den kleinen Knopfaugen verzauberte der Social-Media-Star Menschen weltweit, bevor er 2019 verstarb.

Hunde sind besser als Menschen, weil sie es wissen, aber nicht sagen.

EMILY DICKINSON

Ach! In wie vielem sind uns die Tiere oft überlegen.
Wir wollen es oft nicht sehen und leugnen,
dass sie eine SEELE haben, und sie beschämen uns
jeden Augenblick mit ihrer
Seelengröße und Aufopferungsfähigkeit.

CARMEN SYLVA

Das letzte Wort über die WUNDER DES HUNDES
ist noch nicht geschrieben.

JACK LONDON

WUSSTEST DU, DASS…

…die Bezeichnung „Der innere Schweinehund" verwendet wird, um zu beschreiben, wenn jemand nicht genug Willenskraft aufwenden kann, um eine, oftmals mit positivem Effekt verbundene, Tätigkeit zu verrichten? Der Begriff „Schweinehund" wurde im 19. Jahrhundert vor allem von Studenten als Schimpfwort verwendet und geht auf den Sauhund zurück, welcher zur Wildschweinjagd eingesetzt wurde. Wegen seiner Aufgaben wird er mit Hetze und Ermüdung in Verbindung gebracht.

FSC MIX
Papier | Fördert
gute Waldnutzung
FSC® C104723
www.fsc.org

978-3-649-64604-4
© 2024 Coppenrath Verlag GmbH & Co. KG,
Hafenweg 30, 48155 Münster, Germany
Illustrationen der Hunde: Julia Gerigk
Grafische Gestaltung: Heike Kluge
Fotos, Pfotenabdrücke und Knochen:
dpa Picture-Alliance GmbH
Wellige Hintergrundmuster:
Shutterstock.com; Rina Roy, Rolau Elena
Redaktion: Charlotte Horvath, Tedora Turgay,
Katharina Heinrich